AF269347

© 2025

Tahina Chiang Muñoz (texto)

Antonella Reveco Spalloni (ilustraciones)

Ediciones Universidad de Navarra, S.A. (EUNSA)

Campus Universitario Universidad de Navarra

31009 Pamplona España

+34 948 25 68 50 www.eunsa.es eunsa@eunsa.es

ISBN 978-84-313-4015-5

NA 532-2025

Ali es una niña alegre a quien le encanta la música, bailar, escuchar historias, soñar con unicornios y cocinar con su abuela.

Cada semana, Ali y su abuela tienen un día especial juntas lleno de cosas divertidas: juegan, pintan y disfrutan de momentos únicos que Ali atesora en su corazón.

Uno de esos días, el sol brillaba mucho, así que hicieron un picnic delicioso mientras la abuela le contaba historias y le trenzaba el pelo.

Luego caminaron descalzas por el pasto,
observando flores. Al descubrir una flor grande
y amarilla que Ali no conocía, su abuela le preguntó:
—¿Te gusta esa flor? Es mi favorita. Se llama girasol
y sigue la luz del sol.

Así, cada vez que caminaban por ese hermoso jardín, recordaban que la vida siempre busca la luz, lo que nutre.

Un día, mientras paseaban, encontraron una flor marchita.
La abuela, con una sonrisa suave, le explicó a Ali:

—Las flores, al marchitarse, no desaparecen, sino que se
transforman. Viajan en busca del sol, que es su fuente de
energía, y aunque no podamos verlas, su esencia sigue
viviendo de otra forma.

Al escuchar esto, Ali sintió un poquito de tristeza, pero también algo nuevo: como si empezará a entender un secreto del jardín.

Si abuela, con ternura, le sonrió, y juntas continuaron disfrutando del día. Comieron galletas, tomaron batido de chocolate y se rieron a carcajadas de los bigotes que les quedaron en la cara.

Luego llegaron a casa, leyeron
y pintaron sus historias favoritas.

Un día, Ali llegó donde su abuela y ella le contó que se sentía un poco enferma.

Ali, con brillo en los ojos, le preguntó:

—Abuela, ¿Estás marchita?

Y la abuela le respondió:

—Ali de mi corazón, me siento cansada, y aunque mi cuerpo tenga menos energía, el alma, que es nuestro motor en la vida, tiene un destino mucho más grande y nunca se marchita. Algún día también me iré en busca del sol.

Ali, confundida pero curiosa, preguntó:

—¿Qué pasará entonces, abuela?

Y la abuela le explicó:

—Mi niña hermosa, las personas, al igual
que las flores, nos transformamos.
Aunque mis ojos se cierren y mi
alma busque el camino de la luz,
mi esencia seguirá brillando en el
mundo. El alma es infinita, y siempre,
siempre estaré contigo, en tu mente
y en tu corazón, acompañando
cada paso que des en la vida.

Y agregó:

—¿Te acuerdas de esos girasoles que vimos? Aunque no estemos con ellos, los recuerdas, con su olor y su color. Pues así, a mí también me podrás recordar en cada cuento, en las historias y en los momentos que hemos vivido juntas.

—Yo estaré ahí, acompañándote,

iluminando tu vida, como esos

girasoles iluminan el jardín.

Cuando Ali supo que su abuela había cerrado los ojos, con pena y esperanza dijo:

—La abu me enseñó que, aunque no esté físicamente con nosotros, nos seguirá acompañando desde lo alto.

Y, aunque Ali sentía una gran tristeza, el abrazo amoroso de su familia le brindó la contención y el amor que sana, que ayuda a transitar el dolor.

Y así, Ali creció y comprendió que aunque
los cuerpos sean temporales, las almas son
eternas y siempre están conectadas por el
amor.

Desde entonces, cada vez que ve un girasol
crecer, siente que su amada abuela está
ahí, brillando en el abrazo cálido del sol,
recordando que aunque no se vea ni se toque,
está presente hoy, mañana y siempre.

Tahina Chiang

"La autora es una psicóloga con basta experiencia en el acompañamiento de adultos en procesos de duelos y fin de vida. Su compromiso con el bienestar emocional de los demás, se refleja en cada página de este cuento, el cual busca transmitir el tema del duelo desde una perspectiva amorosa, comprensiva y trascendente. Al estar profundamente familiarizada con el proceso de perdida y transformación, Tahina logra representar el duelo de manera accesible y reconfortante para los niños, ofreciendo una herramienta valiosa para familias y educadores".